AF363693

RELATION SUCCINCTE

DE LA

Campagne de 1815

EN BELGIQUE.

RELATION SUCCINCTE

DE LA

CAMPAGNE DE 1815

EN BELGIQUE,

ET NOTAMMENT DES MOUVEMENTS, COMBATS ET OPÉRATIONS DES TROUPES SOUS LES ORDRES DU MARÉCHAL GROUCHY,

SUIVIE

DE L'EXPOSITION DE QUELQUES-UNES DES CAUSES

DE LA PERTE DE LA BATAILLE DE WATERLOO.

PIÈCES ET DOCUMENTS OFFICIELS

INÉDITS JUSQU'A CE JOUR,

Et qui légitiment les dispositions qu'a dû prendre le Maréchal Grouchy par suite des ordres de l'Empereur.

PARIS,

IMPRIMERIE DE E.-B. DELANCHY,

RUE DU FAUBOURG-MONTMARTRE, 11.

1843.

AVANT-PROPOS.

Quelque pénible qu'il soit pour un bon Français de retracer des évènements aussi déplorables pour la France que ceux de 1815, on ne s'étonnera point que j'entreprenne cette triste tâche, en se rappelant que depuis des années la malveillance cherche à faire peser sur moi la responsabilité de nos désastres en Belgique, et à ternir ainsi la réputation acquise aux longs et honorables services d'un des vétérans de l'armée, en essayant de faire croire que, dans la position difficile où l'avait placé l'Empereur, il eût pu prévenir les désastres essuyés par nos armes à cette époque de funeste mémoire.

Révolté d'inculpations aussi imméritées, je me devais à moi-même de prendre la plume pour en faire connaître la valeur, et pour expliquer les causes de la malveillance dont quelques-uns de mes subordonnés, en 1815, m'ont donné tant de preuves.

Les attaques dont j'avais été l'objet de la part de divers courtisans de l'Empereur m'avaient forcé, il y a quelques années, à soulever en partie le voile dont, par un sentiment de générosité peu appréciée par eux, j'avais couvert les torts militaires et les actes d'insubordination de ces officiers.

J'étais aux États-Unis alors, et, ne pouvant repousser que par de simples dénégations leurs inculpations calomniatrices, ils ont cru qu'ils finiraient par me perdre dans l'opinion, et ils croyaient même y être parvenus, quand des circonstances inespérées m'ont fait retrouver tous les documents officiels propres à les confondre.

Ces importants documents constatent la véracité et l'impartialité du morceau historique que je publie.

Près de vingt-cinq années se sont écoulées depuis que Napoléon, mémorable exemple des vicissitudes humaines, substituant le despotisme militaire au gouvernement constitutionnel, s'est vu précipité du faîte de la gloire et de la puissance, et a terminé dans le plus douloureux des exils la plus brillante des carrières.

Ramené par l'étranger, Louis XVIII est remonté sur le trône de ses pères ; mais bientôt les fautes et l'inhabileté de son successeur ont provoqué de nouveaux orages.

La révolution de juillet 1830 a fait descendre Charles X de son trône, et y a fait monter le duc d'Orléans, qui n'y a été appelé qu'en jurant de respecter les institutions et les lois dont la révolution de 1789 avait doté la France, et en appelant à s'occuper des intérêts du pays les classes que les gouvernements précédents avaient constamment cherché à en éloigner.

Quelque puissant que soit l'intérêt attaché à de tels évènements, ceux de 1815 continuent à être presque journellement l'objet des discussions et des investigations des hommes éclairés, pour lesquels la recherche de la vérité historique est un besoin et un bonheur.

Il faut d'ailleurs d'autant moins s'en étonner, que la plupart des écrits qui ont trait à ces évènements sont empreints des couleurs des partis auxquels leurs auteurs ont appartenu, et qu'ils manquent conséquemment d'impartialité.

Au nombre de mes détracteurs sont venus se joindre quelques officiers-généraux qui, se trouvant sans emploi sous les Bourbons, ont espéré en obtenir en me dénigrant, et ils l'ont fait avec d'autant plus d'acharnement, que sous l'empire j'avais plus d'une fois manifesté mon étonnement de ce que l'Empereur leur prodiguait des grades et des dignités auxquels l'armée ne leur reconnaissait d'autres titres qu'un dévoûment servile à sa personne.

Des considérations d'un autre ordre m'ont long-temps détourné de rien publier de relatif à la campagne de 1815. Victime de la perfidie du gouvernement anglais, et prisonnier à Sainte-Hélène, Napoléon était en quelque sorte consacré par l'excès de ses malheurs. Devais-je accroître l'amertume de sa situation, en signalant les fautes stratégiques ou administratives qu'il avait commises, et en lui offrant la douloureuse preuve qu'il avait été non-seulement abandonné, mais même trahi par les hommes qu'il avait le plus comblés de bienfaits. Aujourd'hui que ce grand homme est descendu dans la tombe, il appartient à la postérité de rectifier les jugements presque contradictoires qu'en ont portés ses contemporains.

Parmi ceux-ci, les uns ont cru le servir en renchérissant sur les éloges qui lui furent prodigués au temps où la fortune semblait devoir pour toujours demeurer enchaînée à son char.

Dès que le vent de l'adversité s'est levé pour lui, il a été déchiré par les hommes dont les coupables menées troublaient la tranquillité de la France, et qu'il avait en conséquence dû éloigner de la capitale, et soumettre à une incessante surveillance. Aussi ces hommes l'ont-ils dépeint, dans leurs écrits, comme le tyran de l'époque, le fléau de l'humanité, et comme devant à son heureuse étoile les gigantesques résultats dus à ses combinaisons habiles et à la supériorité du plus puissant génie des temps modernes.

Le jour de la vérité, en se levant, a enfin dissipé les orages conjurés par les passions haineuses des partis, et l'auréole de gloire qui ceint le front de Napoléon ne perdra rien de son éclat, quoique quelques fautes stratégiques et gouvernementales puissent lui être reprochées. Semblable à l'auteur de la lumière, dont les clartés ne sont point atténuées par les taches que l'on remarque sur son disque, Napoléon brillera dans les siècles à venir d'un impérissable éclat.

En me permettant de critiquer quelques-uns des actes de l'Empereur, il me sera peut-être reproché, par ses aveugles admirateurs, d'y avoir été porté par un sentiment de récrimination ; mais je pourrai leur répondre que les antécédents de ma vie, qu'honorent quelques traits de générosité envers ceux dont j'ai eu le plus à me plaindre, démentent cette opinion.

L'Empereur a-t-il d'ailleurs déversé le moindre blâme sur mes opérations, m'a-t-il reproché d'avoir méconnu ou mal interprété ses ordres, à une époque où les intérêts de sa propre gloire l'autorisaient, en quelque sorte, à rejeter sur ses lieutenants les causes de nos désastres? Pourquoi ne me les eût-il pas reprochées, lui qui se montrait si sévère envers le maréchal Ney, que ses glorieux services et son intrépidité aux champs de Waterloo semblaient devoir mettre à l'abri de la publicité de reproches aussi amers.

Mais loin d'avoir encouru aucun blâme, les lettres qu'il m'a fait écrire par le major-général sont approbatrices de ma conduite, et prouvent que j'ai constamment agi suivant ses intentions.

De quelle valeur peuvent donc être, aux yeux des hommes impartiaux, les calomnieuses incriminations dirigées contre moi dans la *Relation de la campagne de* 1815, par le général Gourgaud, dans le *Mémorial de Sainte-Hélène*, par M. de Las Cases, dans l'ouvrage du docteur O'Meara, dans les *Mémoires de Napoléon*, publiés par les compagnons de sa captivité?

Vainement leurs auteurs ont-ils avancé qu'ils avaient été écrits sous la dictée de Napoléon, ou avaient obtenu son assentiment; de telles assertions sont démenties par les pièces justificatives annexées à cet ouvrage; et si Napoléon pouvait sortir de la tombe, il s'indignerait sans doute que, dans leur aveuglement, ses courtisans aient été assez malhabiles pour chercher à faire croire à l'existence d'ordres trop évidemment absurdes pour qu'ils puissent être émanés de lui, et qui n'ont été composés que long-temps après les évènements. En effet, serait-ce lui qui eût dit qu'il ne s'était déterminé à livrer bataille le 18, que parce qu'étant à Gembloux avec mon corps le 17, et Gembloux n'étant qu'à deux lieues de Wavres, j'eusse dû y être rendu le 18 après deux heures de marche? Aurait-il avancé que j'avais été informé le 17 dans la soirée du mouvement de deux des corps d'armée du maréchal Blücker de Wavres vers Waterloo? assertion controuvée, puisque le mouvement de ces deux corps n'a commencé que le 18 à trois heures du matin, et qu'ils n'ont été aperçus de Waterloo qu'à une heure après midi.

Au reste, je ne suis pas le seul auquel les intérêts de ma défense et de la vérité historique aient été chers; et les assertions des Gourgaud, des Las Cases et des O'Meara ont été victorieusement réfutées par les généraux étrangers et par le duc de Wellington lui-même.

Celui-ci l'a fait d'une manière non moins honorable pour lui-même que pour moi, car il a cru devoir déclarer que j'étais le seul qui ait fait connaître sous leur véritable jour les évènements de la campagne de Belgique. Cette opinion m'a été rapportée par Charles X lui-même, et il la tenait de la bouche du duc de Wellington, qui l'a confirmée depuis dans une conversation publique, dont les journaux anglais rendirent compte dans le *Times*, et qui honore d'autant plus son caractère, que j'avais improuvé quelques-unes des dispositions prises par lui en 1815, et notamment son choix du champ de bataille de Waterloo qui, s'il eût été défait, eût exposé son armée à être taillée en pièces, n'ayant de chemins de retraite que des défilés à travers la forêt de Soignes, position presque identique avec celle de l'armée autrichienne à Hohenliden.

NARRÉ SUCCINCT DE MES OPÉRATIONS

DANS LE MIDI DE LA FRANCE.

Lors du débarquement de l'Empereur, le duc d'Angoulême était en tournée dans nos départements méridionaux ; il se hâta d'organiser des bataillons de royalistes, de les réunir à quelques corps de l'ancienne armée, le 14ᵉ de chasseurs et le 10ᵉ d'infanterie, sur lesquels il croyait pouvoir compter, et se porta à la tête des dix ou douze mille hommes par la rive gauche du Rhône, vers Lyon, coordonnant ses mouvements avec ceux d'un autre corps de royalistes qui marchait simultanément, par la rive droite du Rhône, vers la capitale du Lyonnais.

Dès que l'Empereur apprit la marche du duc d'Angoulême, il me fit appeler et m'enjoignit de me rendre en toute hâte dans le Midi, pour m'opposer aux desseins du prince, dont la marche ne laissait pas que de l'inquiéter, car il n'y avait à Lyon, ni dans les départements environnants, aucunes troupes à lui opposer. En outre, un corps qui, sous les ordres du général Debelle, avait essayé de l'arrêter au passage de la Drôme, avait été battu par le duc qui, profitant de ce succès, circonstance fâcheuse, puisqu'elle donnait de l'élan à ses troupes, s'avançait à marches forcées vers la capitale du Lyonnais.

Quoique je n'eusse à opposer que des gardes nationaux, je me portai en hâte jusqu'à l'Isère, où j'arrivai avant qu'il eût franchi cette rivière. La rapidité de ce mouvement me donna le temps de me faire joindre par les soldats disponibles de quelques dépôts qui se trouvaient dans les départements des Vosges, du Jura, de la Côte-d'Or, et avec ces renforts, je me trouvai en mesure de prendre l'offensive.

Je remontai alors l'Isère, que je passai pendant la nuit, et me portai sur le flanc du corps du prince, dont le général Gilly menaçait les derrières. Sentant les dangers de sa position, il se hâta de conclure avec cet officier-général une capitulation que je ne pus ratifier, attendu qu'elle était en opposition avec les ordres de l'Empereur qui, dans l'espoir d'échanger le duc contre l'impératrice Marie-Louise, m'avait enjoint de retenir le duc d'Angoulême, si j'étais à même de le faire prisonnier. Cet échange n'ayant pu réussir, il se détermina à le laisser sortir de France.

Aussitôt qu'il eut quitté le pont Saint-Esprit, pour aller s'embarquer à Cette, je me portai vers Marseille et dissipai quelques corps royalistes qui, sous les ordres des généraux Loverdo et Ernou, occupaient encore le département du Var. Arrivé à Aix, j'appris que Marseille voulait se défendre.

Toutefois, répugnant à voir couler le sang français, je crus devoir essayer de ramener par la voie de la persuasion les Marseillais, qui ne pouvaient sans doute aimer le gouvernement impérial, puisque pendant sa durée leur commerce avait été complètement détruit et que depuis la restauration il commençait à refleurir, les Bourbons ayant accordé à Marseille la franchise de son port et des avantages commerciaux de toute espèce. Je laissai donc mes troupes à Aix, et quoi qu'on pût me dire des dangers personnels auxquels je m'exposais en me mettant en quelque sorte au pouvoir des Marseillais, je me rendis dans cette ville avec mes aides-de-camp et mon chef d'état-major, et fus assez heureux pour convaincre les habitants des dangers qu'ils couraient en opposant une résistance qui pouvait devenir funeste pour leur cité et qui ne servirait en rien la cause des Bourbons.

La garde nationale sentit bientôt elle-même qu'elle devait quitter la cocarde blanche, et au bout de peu de jours, les couleurs nationales flottèrent, comme dans le reste de la France, sur tous les édifices publics de cette grande ville. Ainsi se trouva complètement pacifié le Midi, sans effusion de sang, sans qu'aucune arrestation eût lieu, et sans que qui que ce soit ait été recherché pour sa conduite et ses opinions.

Dès 1814, j'avais été nommé maréchal de France par l'Empereur après le combat de Vauchamps; mais le brevet ne m'avait point été expédié, mes blessures m'ayant forcé à quitter l'armée, et ne m'ayant pas permis de me trouver à Fontainebleau, lors de la première abdication. En rémunération des services que je venais de rendre dans le Midi, l'Empereur me le fit alors parvenir.

Peu après que l'ordre y eut été rétabli, il me donna le commandement en chef de l'armée des Alpes, et je me rendis à Chambéry pour y organiser les troupes destinées à la défense des frontières de la France, du côté du Piémont. Au bout de quelques semaines il me rappela à Paris, et me prévint que, résolu à prendre l'initiative de la guerre, il me confierait le commandement en chef de la cavalerie de l'armée avec laquelle il se proposait d'entrer en Belgique.

Dès les premiers mois de 1815, Napoléon avait été informé par ses secrets agents à Vienne que les ministres des grandes puissances, qui y étaient réunis en congrès, craignant que s'ils le laissaient à l'île d'Elbe, si près des frontières maritimes de la France et du théâtre de ses premiers exploits, il ne parvînt à rallumer les flambeaux de la guerre, avaient pris la résolution de le déporter au-delà des mers; il ne perdit pas un instant pour se soustraire aux effets de la malveillance de ses ennemis, dont de secrets pressentiments découvraient pour lui les voiles qui couvrent l'avenir, et crut devoir ne pas donner le temps à ces princes, que pendant dix ans il avait vus à ses pieds, d'exécuter leurs odieux projets.

Ils sont donc injustes, ceux qui rejettent sur son ambition les déplorables résultats de son retour en France; ils ne doivent être imputés qu'aux passions haineuses et à la soif d'agrandissement des rois coalisés, et non au grand capitaine qui avait placé la France à un rang plus élevé que celui qu'elle avait occupé en Europe depuis Charlemagne.

La plus grande partie des troupes des puissances coalisées étaient rentrées, après la campagne de 1815, dans leurs patries respectives. Les armées anglaises et prussiennes étaient les seules qui fussent restées près de nos frontières du nord; elles étaient cantonnées le long de la Meuse et de la Sambre.

Napoléon, qui, avec une poignée d'hommes, avait si glorieusement lutté pendant plusieurs mois, en 1814, contre toutes les forces de l'Europe, se trouvait en mars 1815 dans une position aussi difficile que l'année précédente.

Après avoir mûrement pesé quelles seraient les dispositions les plus propres à en atténuer les dangers, il crut y parvenir en prenant l'initiative de la guerre et en fondant immédiatement sur les armées anglaises et prussiennes. Si, en effet, il réussissait à les battre avant que les armées russe, autrichienne et bavaroise, fussent arrivées sur nos frontières de l'ouest, et fussent en mesure de pénétrer en France, il se serait créé nombre de chances de succès. Toutefois, elles étaient difficiles à obtenir, l'armée prussienne étant forte de 120,000 hommes, l'armée anglo-belge de 80,000, tandis que l'armée française comptait à peine 110,000 combattants sous les drapeaux, chiffre qu'il était impossible d'élever sans dégarnir les bords du Rhin, les départements voisins du Jura, des Alpes, et nos plus importantes forteresses, qui renfermaient nos munitions de guerre, nos armes et les dépôts de nos régiments.

Charleroy fut le point que Napoléon choisit pour passer la Sambre et pénétrer en Belgique. Ce choix était judicieux, puisqu'en une seule marche il plaçait l'armée française au centre des cantonnements des armées anglaises et prussiennes, et elle se trouvait ainsi en mesure de les combattre séparément et avant qu'elles pussent se réunir.

Quelles causes ont fait avorter des dispositions aussi sages? Sontelles imputables à Napoléon, aux fautes de ses lieutenants, à la trahison, ou enfin faut-il en accuser la fatalité?

Essayons de donner la solution de ces diverses questions.

Dans mon opinion, il est permis de croire que si les dispositions de l'Empereur n'ont point obtenu les résultats qu'il était permis d'en espérer, c'est que le mode de leur exécution a été vicieux.

Et d'abord, l'organisation qu'il donna à son armée au passage de la Sambre, et sa division en deux corps à peu près égaux en force, et agissant simultanément, à plusieurs lieues de distance, ce qui ne leur permettait pas de se soutenir réciproquement, était contraire aux principes de stratégie que l'Empereur avait respectés dans toutes les campagnes précédentes.

Le mode d'attaque de l'armée prussienne adopté par l'Empereur était évidemment fautif, car il mettait les Prussiens à même de se rapprocher des Anglais. Aussi, le placé-je au nombre des causes de nos revers.

Les reproches mérités par l'un des lieutenants de l'Empereur, le maréchal Ney, ont également exercé une fâcheuse influence sur les destinées de la campagne. En n'obéissant pas ponctuellement aux ordres qui lui avaient été donnés, quant au temps et au mode d'attaque de l'armée anglaise ; en ne portant point au village de Marbaix les troupes qu'il lui était enjoint d'y diriger et qui devaient se combiner avec les mouvements de l'aile droite que je commandais; enfin, en laissant sans ordres tout un corps, celui du comte d'Erlon, le maréchal Ney compromit et retarda le gain de la bataille de Ligny. Comment expliquer qu'un chef aussi illustre se soit montré, en 1815, si fort au-dessous de lui-même, et que son intrépidité, seule, ait brillé du même éclat dont elle était toujours environnée sur les champs de bataille, quant surtout l'imminence du danger la rendait si nécessaire?

La trahison parait aussi avoir joué un funeste rôle pendant cette déplorable campagne, non que la désertion du général Bourmont et de quelques autres officiers d'état-major aient eu les fâcheux effets qu'on leur assigne généralement ; mais bien celle d'officiers particuliers porteurs d'ordres, qui, en passant à l'ennemi, ont fait connaître au duc de Wellington et au maréchal Blücher les dispositions de l'Empereur, et ont empêché que je pusse exécuter ses ordres, puisqu'ils ne me sont point parvenus.

Enfin, je dois déverser un blâme mérité sur la manière de servir du grand état-major général de l'armée qui, pendant cette campagne, certainement n'a pas pris tous les moyens propres à faire connaître la position du maréchal Ney et celle de l'armée anglaise, et a fait perdre à Napoléon des heures précieuses, qui ont mis le maréchal Blücher à même de faire arriver à Mont-Saint-Jean des corps de son armée, et à l'armée anglo-belge un appui qui nous a arraché la victoire, qui eût été fidèle à nos drapeaux sans cette fatale circonstance, et si l'armée prussienne eût été chaudement poursuivie par l'armée française, lorsqu'elle abandonna le champ de bataille de Ligny, le 16, à dix heures du soir.

Le narré des opérations de la campagne corroborera ces assertions.

Dès que l'Empereur eut fixé, dans sa pensée, le moment d'agir, il m'enjoignit de me rendre immédiatement à Laon où le major-général me ferait parvenir l'ordre de mettre en mouvement les troupes à cheval, et m'indiquerait les points voisins de la frontière belge sur lesquels elles devraient d'abord se porter.

Il y avait plus de dix jours que j'étais à Laon quand Napoléon y arriva, et, la première question qu'il me fit, fut pour savoir si la cavalerie de l'armée était rendue près de la Sambre, et quels cantonnements, à portée du passage de cette rivière, elle occupait. Je lui répondis que, jusqu'à présent, le major-général ne m'avait fait parvenir aucun ordre, et que la cavalerie était encore dans la même position où elle se trouvait depuis quelques semaines.

Napoléon fut non moins surpris que contrarié de ce que les ordres qu'il avait donnés, depuis plus de huit jours, ne me fussent pas parvenus, et m'enjoignit de faire partir à l'instant et en poste tous mes officiers d'ordonnance, ainsi que ceux d'état-major, afin que, dans le plus bref délai, les troupes se missent en mouvement.

La non-expédition des ordres de rassemblement de la cavalerie est un de ces évènements que je puis d'autant moins m'expliquer, qu'ils se trouvent inscrits sur le livre d'ordre et de correspondance du major-général.

Quoi qu'il en soit, pourquoi ne me sont-ils pas parvenus ? Je l'ignore.

Quoi qu'il en soit, leur non-transmission fut cause que plusieurs régiments de cavalerie eurent à faire des journées de quinze et de vingt lieues, pour pouvoir arriver à temps à la frontière, et les hommes et les chevaux de ces corps étaient exténués de fatigue quand, le 15 et le 16, ils durent se mesurer avec l'ennemi.

Journée du 15, combat de Gilly.

Je passai la Sambre, le 15, à Charleroy, que les Prussiens, à l'approche des troupes françaises, avaient évacué ; mais ils avaient repris position de l'autre côté du village de Gilly, qui est à une petite demi-lieue de Charleroy, sur la grande route conduisant de cette ville à Fleurus.

En arrivant à Gilly, j'aperçus un corps prussien d'une vingtaine de mille hommes en bataille (celui du général Ziethen), à la lisière des bois qui, dans cette partie, couronnent les hauteurs qui dominent Gilly. Leur front était couvert par un ruisseau profond et bourbeux, et on ne pouvait les aborder qu'après avoir franchi ce ruisseau, à peu près inguéable.

Aussitôt que j'eus reconnu par moi-même la position des Prussiens, et apprécié leurs forces, je fis prévenir l'Empereur qui était à Charleroy ; je le priai de me faire donner des ordres, et lui demandai de m'envoyer de l'infanterie, car je n'avais avec moi que quelque cavalerie légère et les dragons du général Excelmans.

L'Empereur se rendit immédiatement au village de Gilly, examina la position du corps du général Ziethen, et m'ordonna de l'attaquer dès que j'aurais été joint par le corps du général Vandamme, dont il allait, autant que possible, hâter la marche. Il retourna ensuite à Charleroy.

En attendant que le général Vandamme m'eût joint, je fis filer par la droite les dragons du général Excelmans, vers un moulin situé sur le ruisseau qui me séparait des Prussiens, et où il existait un passage praticable pour la cavalerie, circonstance d'autant plus heureuse, qu'elle me mettait à même d'aborder le flanc des ennemis, et que des accidents de terrain ne lui permettaient pas d'apercevoir le mouvement des dragons.

Pendant qu'il s'exécutait, le général Vandamme arriva à Gilly, et, sans attendre mes ordres, attaqua le corps de Ziethen, attaque prématurée, qui n'eut pas de succès, et qui fut repoussée avec perte de quelques hommes. Le général de cavalerie fut tué.

L'Empereur m'ayant aussi envoyé deux bataillons de la jeune garde, je fis les dispositions nécessaires pour réparer le léger échec que venait d'éprouver le général Vandamme.

Les bois auxquels étaient adossés les Prussiens étaient traversés par la grande route de Charleroy à Fleurus, et par un autre chemin parallèle à cette route, et conduisant également à cette petite ville.

Je fis soutenir l'attaque du général Vandamme par le corps de cavalerie du général Pajol, et, à la tête des dragons d'Excelmans, je chargeai à plusieurs reprises la cavalerie prussienne, qui fut culbutée et qui ne put se rallier que sous le feu de son infanterie.

Le général Vandamme, qui avait attaqué simultanément le corps du général Ziethen, le rejeta dans le bois, et le força à se retirer fort maltraité.

Le général Excelmans, par de nouvelles charges, força la cavalerie prussienne à s'enfourner dans le chemin conduisant à Fleurus, seule route de retraite qui restât aux Prussiens. Elle y fut maltraitée par notre artillerie, perdit beaucoup de monde, et nous lui fîmes sept à huit cents prisonniers.

Le général Vandamme, au lieu de profiter du succès qu'il venait d'obtenir, s'arrêta à la sortie des bois qu'il venait de traverser, et d'où on descend par une pente assez douce à Fleurus.

J'avais poursuivi la cavalerie du général Ziethen jusque sous les murs de cette ville (1), où elle se rallia aux corps prussiens qui, pendant le cours de la journée, s'y étaient successivement rendus des cantonnements des environs.

N'ayant avec moi que le corps du général Excelmans, et pas un homme d'infanterie, j'attendais impatiemment l'arrivée du général Vandamme pour attaquer Fleurus, quand je le vis, avec non moins de surprise que de mécontentement, établir les bivouacs du 3e corps à la lisière des bois. J'en fus indigné, car l'Empereur m'avait ordonné, non-seulement de chasser l'ennemi de Fleurus, mais aussi de Sombref, et de pousser de fortes reconnaissances vers Gembloux et sur la route de Namur. La nuit approchait, et je n'avais pas un moment à perdre pour pouvoir exécuter ses ordres. J'envoyai donc au gé-

---

(1) La cavalerie prussienne était tellement terrifiée, qu'un seul dragon, le nommé Pissé, ramena 27 prisonniers.

néral Vandamme celui de venir me joindre en toute hâte, et je le lui fis porter par mon premier aide-de-camp, le chef d'escadron Bella.

Le général Vandamme se refusa formellement à l'exécuter, alléguant qu'il n'avait point à recevoir d'ordre du commandant de la cavalerie.

J'instruisis immédiatement l'Empereur du refus du général Vandamme, et le priai de lui donner des instructions telles, qu'à l'avenir je n'eusse pas à rencontrer des résistances qui étaient fatales.

Cependant, la nuit étant arrivée, et ne voulant pas rétrograder, je bivouaquai dans la plaine à portée de canon des Prussiens, me proposant de les attaquer à la pointe du jour, étant bien sûr que, pendant la nuit, l'Empereur aurait témoigné son mécontentement au général Vandamme, et lui aurait fait connaitre la nouvelle organisation de l'armée, qui le plaçait, ainsi que le général Gérard, sous mon commandement.

Par suite de cette organisation, l'armée française était divisée en deux corps, une aile droite et une aile gauche. Le commandement de l'aile droite, forte d'environ quarante-cinq mille hommes, m'était confié; celui de l'aile gauche, fort de quarante-trois mille hommes, le fut au maréchal Ney, et il nous avait prévenus l'un et l'autre que, quand une des ailes serait aux prises avec l'ennemi, il la soutiendrait avec la gauche, prendrait le commandement de toutes les troupes, et donnerait directement ses ordres aux corps dont elle était composée. (Voyez à la page 13 de la première série de mes pièces justificatives la lettre par laquelle nous fûmes instruits de ces dispositions.)

D'où il résulte que le jour d'une bataille, tous les ordres et toutes les dispositions étant donnés par l'Empereur, le seul devoir que les maréchaux eussent à remplir, était de les faire mettre à exécution. D'où il résulte encore, que si ces ordres fidèlement exécutés occasionaient des revers ou déterminaient la perte de la bataille, on ne pouvait en rendre responsables les maréchaux commandant les ailes.

Quoique flatté du commandement important que me confiait l'Empereur, je lui témoignai cependant le regret que j'éprouvais qu'il ne me laissât pas à la tête de la cavalerie; mais, loin d'accueillir mon vœu, il repoussa avec humeur et en termes fort durs les observations que je me hasardai à lui faire.

Je suis loin d'approuver l'organisation assignée à l'armée et les dispositions adoptées par Napoléon après le passage de la Sambre, car elles me paraissent en opposition avec les principes stratégiques dont il ne s'était point écarté dans les glorieuses campagnes d'Italie, et je citerai à l'appui de cette assertion, qu'au moment de prendre Mantoue, qu'il assiégeait depuis long-temps, ayant été informé qu'une nouvelle armée autrichienne s'avançait par le Tyrol pour le forcer à en lever le siége, il ne laissa pas un homme devant cette ville, abandonna toute son artillerie de siége et toutes ses munitions à la merci de la garnison, et se porta avec toutes ses forces à la rencontre de l'armée du général Alvensy.

Dans la campagne de 1815, au contraire, et alors que de plusieurs jours il n'avait rien à craindre de l'armée anglaise, c'est avec son aile droite seulement et sa garde que le 16 il attaque l'armée prussienne, quoiqu'elle fût considérablement plus forte que la nôtre.

Quel résultat n'eût-il pas obtenu s'il se fût borné à envoyer aux Quatre-Bras et dans la direction de Bruxelles quelques corps de troupes légères qui, conduits par un officier-général habile, eussent suffi pour occuper pendant quelques instants les Anglo-Belges, et les eussent empêchés de pénétrer son plan d'opérations.

Pendant la nuit du 16 juin, les Prussiens évacuèrent Fleurus, et, à la pointe du jour, je montai à cheval pour faire la tournée de mes avant-postes, et bientôt j'apperçus que de nombreux renforts, arrivant principalement par la route de Namur, rejoignaient l'armée prussienne. J'en rendis compte à l'instant même à l'Empereur, et par une seconde dépêche je confirmai le contenu de la première. (Voyez mes deux lettres à l'Empereur, pages 2 et 3 de la seconde série de mes pièces justificatives.)

Napoléon était encore à Charleroy, et ne se rendit à Fleurus que vers les dix heures et demie ou onze heures.

J'ai maintefois cherché à me rendre compte des motifs qui déterminèrent l'Empereur à attaquer l'aile droite de l'armée prussienne, tandis qu'il eût dû, ce me semble, diriger tous ses efforts contre leur aile gauche. Et pourquoi n'a-t-il pas attaqué le maréchal Blücher vers midi ?

En vain ses admirateurs répondent que le 4ᵉ corps commandé par le général Gérard ne l'avait pas joint ; mais ayant bivouaqué à si peu de distance de Fleurus, il y serait arrivé à temps utile.

Quel était d'ailleurs le but le plus important qu'eût à atteindre Napoléon en livrant bataille aux Prussiens? C'était sans doute de les battre; mais plus encore de les éloigner de l'armée anglo-belge, et de les rejeter assez loin pour qu'il fût impossible au maréchal Blücher d'effectuer sa jonction avec elle, avant que l'armée française fût en mesure de combattre l'armée anglaise. Il est probable que si l'Empereur eût débordé l'aile droite du maréchal Blücher et dirigé ses principaux efforts sur son flanc droit, et qu'il eût porté le corps du comte d'Erlon, fort d'environ vingt mille hommes, sur les derrières du maréchal Blücher, au moment où il attaquait le flanc droit de son armée, il eût été impossible aux Prussiens de se retirer vers Wavres, par un mouvement rétrograde perpendiculaire à leur ligne de bataille, le 16.

Malheureusement, au lieu d'utiliser le corps du comte d'Erlon, il ne lui fut donné aucun ordre positif durant la journée du 16, et cet officier-général, attiré par la canonnade de la bataille de Ligny, puis rappelé bientôt par le maréchal Ney, qui en avait grand besoin pour se maintenir aux Quatre-Bras ; ce corps, dis-je, passa la journée du 16 en marches et contre-marches, ne prit part ni aux combats des Quatre-Bras, ni à la bataille de Ligny, et retarda, par son apparition, le gain de la bataille, car ayant été pris pour un corps prussien, quand on le découvrit en arrière du village de Saint-Amand, le général Vandamme, qui venait d'en chasser les Prussiens, évacua ce village, ce qui obligea l'Empereur de suspendre la marche de sa garde qu'il dirigeait sur Ligny, dont, malgré les attaques vigoureuses du quatrième corps, le général Gérard n'avait pu encore réussir à se rendre maître.

Enfin, pourquoi Napoléon n'a-t-il pas attaqué les Prussiens aussitôt qu'il fut descendu du moulin à vent où il était monté pour examiner leur position et leurs forces, c'est-à-dire vers les onze heures et demie? On a allégué, ainsi que je l'ai dit plus haut, qu'il n'avait pu le faire, attendu que le corps d'armée du général Gérard n'était ni arrivé, ni même en vue de Fleurus, où il eût dû cependant être rendu à sept ou huit heures du matin, ayant bivouaqué pendant la nuit du 15 au 16 au Châtelet qui n'est qu'à deux lieues de cette petite ville. Malgré l'absence de ce corps, Napoléon eût dû attaquer immédiatement l'armée du maréchal Blücher, car, d'instants en instants, sa force numérique s'accroissait par l'arrivée des troupes qui, de leurs cantonnements, venaient la joindre.

Ajoutons que si Napoléon eût attaqué les Prussiens aussitôt que nous croyons qu'il eut dû et pu le faire, les ténèbres de la nuit n'eussent pas favorisé leur retraite, et leurs pertes eussent été plus considérables qu'elles ne le furent.

La contrariété de l'Empereur, touchant la non-arrivée du 4ᵉ corps, était peinte sur son visage, et quels que soient les motifs qu'ait pu alléguer le général Gérard pour la justifier, ils étaient plus plausibles que réels.

Ainsi que l'Empereur m'avait annoncé qu'il se proposait de le faire, par sa lettre en date de Charleroy, le 15 juin, il prit, le jour de la bataille de Ligny, le commandement en chef de tous les corps d'armée, et m'enjoignit de fondre avec les corps des troupes à cheval des généraux Pajol et Excelmans sur la nombreuse cavalerie que les Prussiens avaient placée à leur aile gauche, de la forcer à se retirer au-delà de Sombref, et d'occuper la route de Namur par laquelle arrivaient les renforts qui venaient joindre le maréchal Blücher.

Parfaitement secondé par les généraux Pajol, Excelmans, Vincent et autres, je réussis à culbuter la cavalerie prussienne; j'occupai, ainsi que le voulait l'Empereur, la route de Namur, et j'empêchai les renforts qui arrivaient de cette ville de rejoindre le maréchal Blücher; enfin, enlevant aux Prussiens qui défendaient Ligny le soutien de la cavalerie qui protégeait leur aile gauche, je facilitai au général Girard l'attaque du village de Ligny, que cet officier-général dirigeait avec l'énergie qui le distingue, mais dont cependant il ne parvint à se rendre maître que quand la garde l'eut joint.

Le général Vandamme avait également eu beaucoup de peine à s'emparer du village de Saint-Amand; toutefois, secondé par la division du général Girard, il emporta ce village à la baïonnette, et ainsi que je l'ai dit plus haut, il l'occupait depuis quelques instants, quand parut sur ses derrières, à environ une lieue, une colonne de 20 ou 25,000 hommes qui paraissait se diriger vers Fleurus. Le général Vandamme s'empressa d'en prévenir l'Empereur, ajoutant que le général Girard, officier distingué et cher à l'Empereur, venait d'être tué, et que sa division prenant cette colonne pour un corps prussien, avait abandonné l'extrémité du village de Saint-Amand; que son propre corps, le troisième, était fort ébranlé, et que si cette colonne n'était arrêtée dans sa marche, il serait obligé d'évacuer la partie de Saint-Amand que nous occupions encore et de battre en retraite.

L'Empereur fit alors faire halte à sa garde qu'il venait de diriger vers Ligny, afin que, soutenu par elle, le général Gérard parvint enfin à s'emparer de Ligny, et il envoya un de ses aides-de-camp, le général Dejean, reconnaître cette colonne. Il revint au bout d'une heure, annonçant qu'elle n'était autre que le premier corps commandé par le comte d'Erlon, qui, resté à deux lieues et demie des Quatre-Bras, accourait pour prendre part à l'affaire qui aurait lieu. A cette nouvelle, la division Girard réoccupa la partie de ce village qu'elle avait abandonnée, et l'Empereur fit reprendre le mouvement de sa garde vers Ligny. Mais ce ne fut que vers sept heures du soir qu'elle y arriva, et que nous fûmes maîtres du village de Ligny. Le centre des Prussiens venait d'être enfoncé par les belles charges de nos cuirassiers; ils se déterminèrent à nous abandonner le champ de bataille et se mirent en retraite. Malheureusement la nuit qui arrivait ne permit pas d'obtenir les résultats d'une victoire chèrement achetée. L'ennemi perdit, il est vrai, beaucoup de monde; mais, quoi qu'en aient dit nos bulletins officiels, une quinzaine de pièces de canon, quelques drapeaux et un petit nombre de prisonniers furent les seuls trophées qui tombèrent entre nos mains.

Ils eussent été bien différents, si les dispositions prescrites par l'Empereur eussent été exécutées; si l'attaque de l'armée prussienne eût eu lieu dès midi; si le maréchal Ney eût fait occuper Marbaix, ainsi qu'il le lui avait été enjoint, par une division d'infanterie et un corps de cavalerie, dont l'attaque simultanée avec celle de la cavalerie de l'aile gauche eût eu lieu; si l'apparition du comte d'Erlon n'eût pas paralysé pendant plus d'une heure tous les mouvements de notre armée; si Napoléon n'eût pas divisé son armée en deux corps agissant sur des points trop éloignés l'un de l'autre pour pouvoir se soutenir; et enfin si cette fatale disposition ne l'eût forcé à combattre les Prussiens avec la *moitié moins* de monde qu'il n'eût pu le faire.

Paris. — Imp. de E.-B. DELANCHY, rue Montmartre, 11.